अनुशासन ही सफलता है।

सोच, आदत और अनुशासन से सफलता का विज्ञान

राकेश कुमार

Made with ❤ on the Notion Press Platform
www.notionpress.com

समर्पण

यह पुस्तक उन सभी लोगों को समर्पित है
जो अपने जीवन में कुछ बड़ा करना चाहते हैं,
लेकिन रास्ते में आने वाली कठिनाइयों से हार मान लेते हैं।

उन लोगों के लिए
जो सपने तो देखते हैं,
लेकिन उन्हें पूरा करने के लिए संघर्ष कर रहे हैं।

उनके लिए
जो बार-बार गिरते हैं,
फिर भी उठने की हिम्मत रखते हैं।

और सबसे खास –
उन लोगों के लिए
जो समझ चुके हैं कि
सफलता का असली रास्ता अनुशासन से होकर गुजरता है।

यह पुस्तक आपके लिए है,
ताकि आप खुद पर विश्वास करें,
अपने लक्ष्यों के प्रति प्रतिबद्ध रहें,
और हर दिन एक कदम आगे बढ़ाते रहें।

क्रम-सूची

प्रस्तावना

प्रस्तावना

हर इंसान अपने जीवन में आगे बढ़ना चाहता है।
वह सफल होना चाहता है, अपने सपनों को पूरा करना चाहता है, और एक ऐसी पहचान बनाना चाहता है जिस पर उसे गर्व हो।

लेकिन वास्तविकता यह है कि
सिर्फ इच्छा रखने से कुछ नहीं बदलता।

अक्सर लोग सोचते हैं, योजना बनाते हैं, और सही समय का इंतजार करते हैं।
वे मानते हैं कि एक दिन सब कुछ अपने आप ठीक हो जाएगा।
लेकिन सच्चाई यह है कि
जीवन में बदलाव अपने आप नहीं आता, उसे लाना पड़ता है।

यहीं पर एक महत्वपूर्ण तत्व सामने आता है —
अनुशासन।

अनुशासन वह शक्ति है जो आपको हर दिन आगे बढ़ने के लिए प्रेरित नहीं, बल्कि मजबूर करती है।
यह आपके मन के अनुसार नहीं, बल्कि आपके लक्ष्य के अनुसार काम करना सिखाता है।

इस पुस्तक में आप जानेंगे कि
कैसे अपनी सोच को सही दिशा में ले जाना है,
कैसे अपने लक्ष्य तय करने हैं,
कैसे समय का सही उपयोग करना है,
और सबसे महत्वपूर्ण —
कैसे लगातार कार्य करते रहना है।

यह पुस्तक किसी चमत्कार का वादा नहीं करती,
बल्कि आपको यह समझाती है कि
सफलता एक प्रक्रिया है, और अनुशासन उस प्रक्रिया की नींव है।

यदि आप इस पुस्तक को खुले मन से पढ़ेंगे
और इसमें दी गई बातों को अपने जीवन में लागू करेंगे,
तो निश्चित रूप से आप अपने अंदर एक सकारात्मक परिवर्तन महसूस करेंगे।

अंत में बस इतना ही –
आपकी सफलता आपके अपने हाथों में है।
आप जो निर्णय आज लेंगे, वही आपके भविष्य को तय करेंगे।

भूमिका

Preface (भूमिका)

हर इंसान अपनी ज़िंदगी में सफलता पाना चाहता है।
हर किसी के पास सपने होते हैं — कुछ बनने के, कुछ हासिल करने के, और एक बेहतर जीवन जीने के।

लेकिन एक सच्चाई है जिसे हम अक्सर नज़रअंदाज़ कर देते हैं — सफलता कोई अचानक मिलने वाली चीज़ नहीं है।
यह छोटे-छोटे प्रयासों, सही सोच और सबसे महत्वपूर्ण — अनुशासन का परिणाम होती है।

आज के समय में लोग motivation की तलाश में रहते हैं।
वे videos देखते हैं, quotes पढ़ते हैं, और कुछ समय के लिए inspired भी हो जाते हैं।
लेकिन कुछ दिनों बाद वही उत्साह खत्म हो जाता है, और वे फिर से अपनी पुरानी आदतों में लौट आते हैं।

यहीं पर यह किताब अलग है।

यह किताब आपको सिर्फ motivate नहीं करेगी,
बल्कि आपको यह समझाएगी कि
motivation से ज्यादा जरूरी discipline क्यों है।

इस पुस्तक में दिए गए सभी विचार सरल, व्यावहारिक और सीधे जीवन में लागू किए जा सकते हैं।
यह किसी जटिल सिद्धांत पर आधारित नहीं है, बल्कि उन सच्चाइयों पर आधारित है जिन्हें हर व्यक्ति अपने दैनिक जीवन में महसूस करता है।

इस किताब का उद्देश्य आपको बदलना है —
आपकी सोच को, आपकी आदतों को, और आपके काम करने के तरीके को।

यदि आप सच में अपनी ज़िंदगी में बदलाव लाना चाहते हैं,
तो आपको सिर्फ पढ़ना नहीं है,

बल्कि हर उस बात को अपनाना है जो इस किताब में बताई गई है।

याद रखें —

ज्ञान तब तक बेकार है, जब तक वह कार्य में न बदले।

यह किताब आपके हाथ में एक मार्गदर्शक की तरह है,
लेकिन उस रास्ते पर चलना आपकी जिम्मेदारी है।

अगर आप लगातार छोटे-छोटे कदम उठाते रहेंगे,
तो एक दिन वही कदम आपको उस सफलता तक ले जाएंगे,
जिसका आपने हमेशा सपना देखा था।

पावती (स्वीकृति)

पावती (आभार)

मैं इस पुस्तक के निर्माण में सहयोग देने वाले सभी लोगों के प्रति हृदय से आभार व्यक्त करता हूँ।

सबसे पहले, मैं अपने परिवार का धन्यवाद करता हूँ,
जिनके सहयोग, विश्वास और प्रोत्साहन ने मुझे इस कार्य को पूरा करने की शक्ति दी।

मैं अपने मित्रों और शुभचिंतकों का भी आभारी हूँ,
जिन्होंने समय-समय पर मुझे प्रेरित किया और आगे बढ़ने का हौसला दिया।

उन सभी लेखकों, शिक्षकों और विचारकों का भी धन्यवाद,
जिनके विचारों और अनुभवों ने मुझे सीखने और समझने का अवसर दिया,
और अप्रत्यक्ष रूप से इस पुस्तक को आकार देने में योगदान दिया।

सबसे अंत में, मैं अपने पाठकों का आभार व्यक्त करता हूँ,
जो इस पुस्तक को पढ़ने के लिए अपना समय निकाल रहे हैं।
आपका विश्वास और समर्थन ही इस प्रयास को सार्थक बनाता है।

आमुख

आमुख

सफलता हर व्यक्ति चाहता है,
लेकिन हर व्यक्ति उसे हासिल नहीं कर पाता।

क्यों?

क्या कमी होती है मेहनत में?
क्या कमी होती है अवसरों में?
या फिर कुछ और?

सच यह है कि
अधिकतर लोग शुरुआत तो करते हैं,
लेकिन उसे लगातार जारी नहीं रख पाते।

वे motivation के सहारे चलते हैं,
और जैसे ही **motivation** कम होता है,
वे रुक जाते हैं।

यहीं पर फर्क पैदा होता है —
साधारण लोगों और सफल लोगों के बीच।

सफल लोग motivation का इंतजार नहीं करते,
वे अनुशासन के सहारे आगे बढ़ते हैं।

वे हर दिन काम करते हैं,
चाहे उनका मन करे या न करे।

यह पुस्तक उसी अनुशासन की शक्ति को समझाने का एक प्रयास है।

इसमें आपको कोई जादुई उपाय नहीं मिलेगा,
बल्कि ऐसे सरल और व्यावहारिक सिद्धांत मिलेंगे
जिन्हें अपनाकर आप अपनी जिंदगी में वास्तविक बदलाव ला सकते हैं।

यदि आप सच में आगे बढ़ना चाहते हैं,
तो इस पुस्तक को केवल पढ़ें नहीं —
इसे अपने जीवन में उतारें।

1

<u>अनुशासन ही सफलता है।</u>

Step 1: Introduction

आपकी सोच ही आपकी पहचान है

हर इंसान अपनी life में कुछ बड़ा करना चाहता है। हर किसी के पास सपने होते हैं — एक बेहतर future, सम्मान, सफलता और एक ऐसी जिंदगी जिसमें कोई कमी न हो।

लेकिन एक सच्चाई है जिसे बहुत कम लोग समझते हैं।

सपने देखना आसान है,
लेकिन उन्हें पूरा करना उतना ही मुश्किल होता है।

क्यों?

क्योंकि ज्यादातर लोग सिर्फ सोचते हैं,
plan बनाते हैं,
लेकिन **action** नहीं लेते।

वे motivation ढूंढते रहते हैं,
perfect time का इंतजार करते रहते हैं,
और धीरे-धीरे उनका समय निकल जाता है।

इस book का उद्देश्य आपको motivate करना नहीं है,
बल्कि आपको बदलना है।

यह book आपको सिखाएगी:

- कैसे अपनी सोच को control करना है
- कैसे discipline develop करना है

अनुशासन ही सफलता है।

- कैसे goals को reality में बदलना है
- और सबसे जरूरी, कैसे लगातार action लेना है

इस book में आपको कोई complicated theory नहीं मिलेगी। यहाँ सिर्फ वही बातें हैं जो practical हैं और जिन्हें आप अपनी daily life में apply कर सकते हैं।

आपको बस एक चीज करनी है —
जो भी आप पढ़ें, उसे ignore मत करें।

उसे समझें,
और तुरंत apply करें।

क्योंकि knowledge तभी काम आती है
जब वह action में बदली जाए।

आज आप जहाँ हैं,
वह आपकी पिछली सोच और decisions का result है।

और आप कल कहाँ होंगे,
यह आज की सोच और actions पर depend करता है।

इसलिए अगर आप सच में अपनी life बदलना चाहते हैं,
तो शुरुआत आज से करें।

छोटे कदम उठाएँ,
लेकिन लगातार उठाएँ।

यही छोटे कदम आपको उस जगह तक ले जाएंगे
जहाँ आप हमेशा से पहुँचना चाहते थे।

Chapter 1

Mindset बदलो, Life बदल जाएगी

हर इंसान अपनी life में कुछ बड़ा करना चाहता है। हर किसी के पास सपने होते हैं — एक बेहतर जीवन, आर्थिक स्वतंत्रता, सम्मान और एक ऐसा future जहाँ उसे किसी चीज़ की कमी न हो।

लेकिन सच्चाई यह है कि
बहुत कम लोग अपने सपनों को सच में हासिल कर पाते हैं।

यहाँ एक सवाल उठता है —
क्या उन लोगों के पास talent ज्यादा होता है?
क्या उनके पास resources ज्यादा होते हैं?

अक्सर जवाब होता है — नहीं।

सबसे बड़ा फर्क सिर्फ एक चीज़ का होता है —
उनकी सोच।

Mindset की ताकत

Mindset वह lens है जिसके through आप दुनिया को देखते हैं।
आप किसी situation को कैसे देखते हैं,
आप किसी problem को challenge मानते हैं या obstacle —
यह सब आपके mindset पर depend करता है।

दो लोग एक ही situation में होते हैं,
लेकिन उनका reaction अलग होता है।

एक व्यक्ति कहता है:
"यह मुश्किल है, मैं नहीं कर सकता"

दूसरा व्यक्ति कहता है:
"यह मुश्किल है, लेकिन मैं कोशिश करूंगा"

दोनों के पास same situation है,
लेकिन mindset अलग है,
और यही फर्क उनके result में दिखाई देता है।

Negative Mindset का असर

Negative mindset धीरे-धीरे आपकी progress को रोक देता है।
यह आपको risk लेने से रोकता है,
आपको action लेने से रोकता है,
और सबसे खतरनाक बात — यह आपको खुद पर doubt करने पर मजबूर करता है।

जब आपके दिमाग में बार-बार यह चलता है कि
"मैं नहीं कर सकता",
तो आप कोशिश करना ही बंद कर देते हैं।

और जब आप कोशिश नहीं करते,
तो result भी नहीं मिलता।

Positive Mindset का मतलब क्या है?

Positive mindset का मतलब यह नहीं है कि आप हर situation में सिर्फ अच्छा ही सोचें।
इसका मतलब यह है कि आप reality को समझें,
लेकिन खुद को कमजोर न होने दें।

आप problem को ignore नहीं करते,
बल्कि उसका solution ढूंढने की कोशिश करते हैं।

आप failure को end नहीं मानते,
बल्कि उसे learning मानते हैं।

Growth Mindset अपनाएँ

Growth mindset का मतलब है कि
आप मानते हैं कि आप सीख सकते हैं,
आप improve कर सकते हैं,
और आप अपनी current situation से बेहतर बन सकते हैं।

यह mindset आपको continuously आगे बढ़ने के लिए push करता है।

आप हर दिन थोड़ा बेहतर बनने की कोशिश करते हैं,
और यही small improvement समय के साथ बड़ा result बन जाती है।

Comfort Zone से बाहर निकलें

Mindset change करने का सबसे बड़ा step है
comfort zone से बाहर निकलना।

Comfort zone वह जगह है जहाँ सब कुछ आसान लगता है,
जहाँ कोई risk नहीं होता,
लेकिन वहीं growth भी नहीं होती।

जब आप कुछ नया try करते हैं,
तो शुरुआत में uncomfortable लगता है।
लेकिन यही discomfort आपको grow करता है।

Thoughts से Reality बनती है

आपकी life आपके thoughts का reflection होती है।

अगर आप हमेशा negative सोचते हैं,
तो आपकी actions भी वैसे ही होंगे,
और results भी वैसा ही मिलेगा।

लेकिन अगर आप consciously अपनी सोच को बदलते हैं,
तो धीरे-धीरे आपकी life भी बदलने लगती है।

Daily Practice जरूरी है

Mindset एक दिन में नहीं बदलता।
यह एक process है।

आपको रोज अपने thoughts पर काम करना होगा।

- negative thoughts को पहचानना
- उन्हें replace करना
- positive और practical सोच develop करना

धीरे-धीरे यह आपकी habit बन जाएगी।

Self-talk पर ध्यान दें

आप खुद से क्या बात करते हैं,
यह बहुत important है।

अगर आप खुद को बार-बार कहते हैं:
"मैं नहीं कर सकता"
तो आप सच में believe करने लगते हैं कि आप नहीं कर सकते।

लेकिन अगर आप खुद से कहते हैं:
"मैं सीख सकता हूँ"
तो आपका mind solution ढूंढने लगता है।

Patience रखें

Mindset change एक slow process है।
आपको तुरंत result नहीं मिलेगा।

अनुशासन ही सफलता है।

लेकिन अगर आप लगातार काम करते रहेंगे,
तो एक दिन आपको खुद में फर्क नजर आएगा।

याद रखने वाली बात

आपकी सोच ही आपकी limit तय करती है।
अगर आप अपनी सोच को बड़ा कर लेते हैं,
तो आपकी possibilities भी बड़ी हो जाती हैं।

Action Points

1. अपने negative thoughts को पहचानें और उन्हें लिखें
2. हर negative thought के सामने एक positive और practical thought लिखें
3. रोज 10 मिनट अपने mindset पर काम करें

Final Line

आपकी life बाहर से नहीं बदलेगी,
जब तक आपकी सोच अंदर से नहीं बदलती।

2

Chapter 2

Discipline vs Motivation

हर इंसान life में कुछ achieve करना चाहता है।
वह plan बनाता है, goals set करता है और शुरुआत भी करता है।

शुरुआत के समय उसके अंदर energy होती है,
उत्साह होता है, और उसे लगता है कि वह सब कुछ कर सकता है।

लेकिन कुछ दिनों बाद वही energy कम होने लगती है।
काम करने का मन नहीं करता,
और धीरे-धीरे वह अपने goal से दूर हो जाता है।

यहीं पर एक बहुत important difference सामने आता है —
motivation और discipline का।

Motivation क्या है?

Motivation एक feeling है,
जो आपको काम शुरू करने के लिए push करती है।

जब आप कोई inspiring video देखते हैं,
किसी successful व्यक्ति की story सुनते हैं,
या अपने future के बारे में सोचते हैं,
तो आपको अंदर से एक energy मिलती है।

यही motivation है।

लेकिन motivation की एक limitation है —
यह permanent नहीं होता।

Motivation क्यों टिकता नहीं है?

अनुशासन ही सफलता है।

Motivation external चीजों पर depend करता है।

- आपने क्या देखा
- आपने क्या सुना
- आपका mood कैसा है

जैसे ही ये factors बदलते हैं,
motivation भी कम हो जाता है।

इसलिए अगर आप सिर्फ motivation पर depend करते हैं,
तो आप long-term में consistent नहीं रह पाएंगे।

Discipline क्या है?

Discipline एक habit है,
जो आपको काम करने के लिए मजबूर करती है,
चाहे आपका मन करे या न करे।

यह आपके mood पर depend नहीं करता।
यह आपकी commitment पर depend करता है।

Discipline आपको यह सिखाता है कि
आपको क्या करना है, और कब करना है।

Discipline क्यों जरूरी है?

अगर आप life में कुछ बड़ा achieve करना चाहते हैं,
तो आपको discipline की जरूरत होगी।

क्योंकि:

- हर दिन आपका mood अच्छा नहीं होगा
- हर दिन motivation नहीं मिलेगा
- हर दिन energy high नहीं होगी

लेकिन आपके goals रोज आपका इंतजार करेंगे।

और सिर्फ discipline ही आपको
उन goals की तरफ रोज काम करने के लिए मजबूर करता है।

Motivation vs Discipline

Motivation आपको शुरुआत कराता है,
लेकिन discipline आपको finish करवाता है।

Motivation आपको एक दिन मेहनत करवाता है,
लेकिन discipline आपको हर दिन मेहनत करवाता है।

Motivation short-term होता है,
discipline long-term होता है।

Reality Check

आपने शायद यह महसूस किया होगा कि
जब आप किसी काम को शुरू करते हैं,
तो पहले कुछ दिन बहुत अच्छे जाते हैं।

लेकिन फिर धीरे-धीरे consistency टूट जाती है।

यह इसलिए होता है क्योंकि
आप motivation पर depend कर रहे होते हैं।

अगर उसी जगह discipline होता,
तो आप continue करते रहते।

Discipline कैसे develop करें?

Discipline एक दिन में नहीं आता।
यह धीरे-धीरे develop होता है।

Step 1: छोटा शुरू करें

बहुत बड़ा target रखने की जरूरत नहीं है।

अगर आप शुरुआत में ही बहुत ज्यादा करने की कोशिश करेंगे,
तो आप जल्दी थक जाएंगे।

छोटे steps से शुरू करें।

Step 2: Fixed routine बनाएं

एक ही समय पर काम करना शुरू करें।

जब आप रोज एक ही समय पर काम करते हैं,
तो वह धीरे-धीरे आपकी habit बन जाती है।

Step 3: excuses बंद करें

सबसे बड़ा enemy discipline का है — excuses।

- आज mood नहीं है
- आज time नहीं है
- कल से शुरू करेंगे

इन excuses को पहचानें और रोकें।

Step 4: commitment को serious लें

जब आप खुद से commitment करते हैं,
तो उसे serious लें।

खुद से किया गया वादा भी उतना ही important है
जितना किसी और से किया गया वादा।

Pain और comfort का फर्क

Discipline शुरुआत में painful लगता है,
लेकिन long-term में यह आपको comfort देता है।

दूसरी तरफ,
comfort अभी अच्छा लगता है,
लेकिन future में regret देता है।

आपको decide करना है कि
आप short-term comfort चाहते हैं या long-term success।

Consistency का base

Discipline ही consistency का base है।

अगर आप disciplined हैं,
तो आप automatically consistent हो जाएंगे।

और consistency ही आपको
आपके goals तक ले जाती है।

Self-control जरूरी है

Discipline का एक important part है self-control।

- distractions को control करना
- unnecessary habits को रोकना
- focus बनाए रखना

यह सब discipline के बिना possible नहीं है।

याद रखने वाली बात

Discipline आपको वह करने पर मजबूर करता है
जो जरूरी है,
भले ही वह आसान न हो।

Action Points

1. एक छोटा daily routine बनाएं और उसे follow करें
2. एक habit चुनें जिसे आप रोज बिना break के करेंगे
3. अपने excuses को लिखें और उन्हें खत्म करने की कोशिश करें

Final Line

अगर आप अपने goals को serious लेते हैं,
तो आपको discipline को भी serious लेना होगा।

3

Chapter 3

Failure से डरना नहीं

हर इंसान success चाहता है,
लेकिन failure से डरता है।

यही डर उसे आगे बढ़ने से रोक देता है।
वह कोशिश करने से पहले ही रुक जाता है,
और धीरे-धीरे यह आदत बन जाती है।

सच्चाई यह है कि failure कोई दुश्मन नहीं है,
बल्कि एक ऐसा teacher है जो आपको बेहतर बनाता है।

Failure का असली मतलब

अधिकतर लोग failure को गलत तरीके से समझते हैं।

वे सोचते हैं कि failure का मतलब है
सब कुछ खत्म हो जाना।

लेकिन reality यह है कि
failure का मतलब सिर्फ इतना है कि
आपका तरीका काम नहीं किया।

इसका मतलब यह नहीं है कि
आप कभी successful नहीं हो सकते।

लोग failure से क्यों डरते हैं?

Failure का डर कई कारणों से आता है।

सबसे पहला कारण है —
दूसरों का डर।

लोग सोचते हैं कि
अगर वे fail हो गए,
तो लोग उनका मजाक बनाएंगे।

दूसरा कारण है —
self-doubt।

वे खुद पर विश्वास नहीं करते,
और उन्हें लगता है कि वे capable नहीं हैं।

तीसरा कारण है —
past experience।

अगर कोई पहले fail हो चुका है,
तो वह दोबारा कोशिश करने से डरता है।

Fear का असर

Failure का डर धीरे-धीरे आपके actions को control करने लगता है।

- आप risk लेना बंद कर देते हैं
- आप नए opportunities को ignore करते हैं
- आप safe zone में रहना शुरू कर देते हैं

और यही safe zone
आपकी growth को रोक देता है।

Reality Check

अगर आप life में कुछ नया try नहीं करेंगे,
तो आप fail भी नहीं होंगे।

लेकिन इसका मतलब यह भी है कि
आप grow भी नहीं करेंगे।

जो लोग आगे बढ़ते हैं,
वे failure से बचते नहीं हैं,

बल्कि उसे accept करते हैं।

Failure से सीखना

हर failure अपने साथ एक lesson लेकर आता है।

अगर आप ध्यान से देखें,
तो आपको हर बार कुछ नया सीखने को मिलेगा।

- क्या गलत हुआ
- कहाँ improvement की जरूरत है
- अगली बार क्या बेहतर किया जा सकता है

अगर आप यह सीख लेते हैं,
तो failure आपके लिए नुकसान नहीं,
बल्कि फायदा बन जाता है।

Mindset बदलना जरूरी है

आपको failure को देखने का नजरिया बदलना होगा।

पुरानी सोच:
"मैं fail हो गया, मैं कमजोर हूँ"

नई सोच:
"मैंने कोशिश की, मैंने सीखा, अब मैं बेहतर करूँगा"

यही mindset आपको आगे बढ़ने की ताकत देता है।

Action लेना जरूरी है

डर हमेशा रहेगा।
कोई भी इंसान पूरी तरह fearless नहीं होता।

लेकिन फर्क इस बात से पड़ता है कि
आप डर के बावजूद action लेते हैं या नहीं।

अगर आप डर की वजह से रुक जाते हैं,
तो आप पहले से ही हार चुके हैं।

लेकिन अगर आप कोशिश करते हैं,
तो आपके पास सीखने का मौका होता है।

Small risks लें

आपको एकदम बड़े risk लेने की जरूरत नहीं है।

छोटे-छोटे steps लें।

धीरे-धीरे आपका confidence बढ़ेगा,
और failure का डर कम हो जाएगा।

Comparison बंद करें

कई बार लोग दूसरों को देखकर खुद को judge करते हैं।

वे सोचते हैं कि
दूसरे लोग जल्दी successful हो गए,
और वे पीछे रह गए।

लेकिन हर इंसान का journey अलग होता है।

अगर आप comparison करेंगे,
तो आप हमेशा dissatisfied रहेंगे।

Patience रखें

Success एक process है।
यह overnight नहीं आता।

आपको time देना होगा,
और लगातार प्रयास करना होगा।

Failure इस process का हिस्सा है,
इसे accept करना जरूरी है।

याद रखने वाली बात

Failure permanent नहीं होता,
लेकिन उससे मिलने वाली सीख हमेशा काम आती है।

Action Points

1. अपनी एक पुरानी failure को याद करें और उससे क्या सीखा, यह लिखें
2. एक ऐसा काम शुरू करें जिससे आपको डर लगता है
3. failure को negative नहीं, learning के रूप में देखना शुरू करें

Final Line

अनुशासन ही सफलता है।

Failure से मत डरिए।
अगर आप उससे सीखना सीख गए,
तो वही failure आपको success तक ले जाएगा।

4

Chapter 4

Goal Setting: सही लक्ष्य कैसे तय करें

हर इंसान के पास सपने होते हैं।
कोई अच्छा career चाहता है,
कोई financial freedom चाहता है,
और कोई एक बेहतर life जीना चाहता है।

लेकिन एक बड़ी सच्चाई यह है कि
सिर्फ सपने देखना काफी नहीं होता।

जब तक सपनों को clear goals में नहीं बदला जाता,
वे सिर्फ सोच बनकर रह जाते हैं।

Goal और Dream में फर्क

Dream वह है जो आप सोचते हैं।
Goal वह है जिसके लिए आप काम करते हैं।

Dream बिना action के अधूरा रहता है,
लेकिन goal action के साथ reality बन सकता है।

इसलिए अगर आप सच में कुछ achieve करना चाहते हैं,
तो आपको अपने dreams को goals में बदलना होगा।

Goal क्यों जरूरी है?

Goal आपकी life को direction देता है।

अगर आपके पास goal नहीं है,
तो आप हर दिन कुछ न कुछ करते रहेंगे,

लेकिन कहीं पहुँच नहीं पाएंगे।

Goal आपको यह clear करता है:

- आपको क्या करना है
- कब करना है
- और क्यों करना है

बिना goal के नुकसान

जब life में clear goal नहीं होता,
तो कई problems सामने आती हैं:

- confusion रहता है
- focus नहीं बन पाता
- time waste होता है
- energy गलत जगह लगती है

धीरे-धीरे यह frustration में बदल जाता है।

सही goal कैसे बनाएं?

एक strong goal में कुछ qualities होनी चाहिए।

1. Clear होना चाहिए

Goal जितना clear होगा,
उतना ही उसे achieve करना आसान होगा।

गलत goal:
मुझे successful बनना है

सही goal:
मुझे अगले 6 महीने में रोज 2 घंटे काम करके अपना target पूरा करना है

2. Measurable होना चाहिए

आपको यह पता होना चाहिए कि
आप progress कर रहे हैं या नहीं।

अगर आपका goal measurable नहीं है,
तो आप track नहीं कर पाएंगे कि आप सही direction में जा रहे हैं या नहीं।

3. Realistic होना चाहिए

Goal ऐसा होना चाहिए
जो challenging हो, लेकिन impossible न हो।

बहुत ज्यादा unrealistic goal रखने से
आप जल्दी निराश हो सकते हैं।

4. Time-bound होना चाहिए

हर goal की एक deadline होनी चाहिए।

अगर deadline नहीं होगी,
तो आप उसे टालते रहेंगे।

Big goal को छोटे steps में बाँटें

बहुत बड़ा goal देखकर अक्सर डर लगता है।

इसलिए उसे छोटे-छोटे parts में divide करें।

- daily tasks
- weekly targets
- monthly progress

इससे goal manageable हो जाता है।

Focus बनाए रखें

एक समय पर एक ही goal पर focus करना ज्यादा effective होता है।

अगर आप एक साथ कई goals पर काम करेंगे,
तो आपका ध्यान बंट जाएगा
और results कमजोर होंगे।

जो लोग focused रहते हैं,
वे जल्दी आगे बढ़ते हैं।

Distractions से बचें

जब आप goal पर काम करते हैं,
तो distractions सबसे बड़ा obstacle बनते हैं।

- mobile
- social media
- unnecessary बातें

इनसे बचना जरूरी है।

Review करना जरूरी है

समय-समय पर अपने goal को evaluate करें।

- क्या आप सही track पर हैं?
- क्या आपकी strategy काम कर रही है?

अगर जरूरत हो तो approach बदलें,
लेकिन goal को बार-बार बदलना avoid करें।

Motivation से ज्यादा clarity जरूरी है

बहुत लोग motivation ढूंढते रहते हैं,
लेकिन उन्हें clarity नहीं होती कि उन्हें करना क्या है।

अगर आपका goal clear है,
तो आपको ज्यादा motivation की जरूरत नहीं पड़ेगी।

लिखना क्यों जरूरी है?

जब आप अपना goal लिखते हैं,
तो वह ज्यादा real लगता है।

यह आपके mind को signal देता है कि
यह important है।

इसलिए हमेशा अपने goals को लिखें।

याद रखने वाली बात

Goal सिर्फ direction देता है,
लेकिन उस direction में चलना आपकी responsibility है।

Action Points

1. अपना एक clear goal लिखें
2. उसे daily tasks में divide करें
3. हर दिन कम से कम एक step उस goal की तरफ बढ़ाएँ

Final Line

सपने तभी पूरे होते हैं
जब उन्हें goal में बदला जाता है
और goal को action में।

5

Chapter 5

Time Management: समय को सही तरीके से कैसे इस्तेमाल करें

हर इंसान के पास दिन के 24 घंटे होते हैं।
ना किसी के पास ज्यादा, ना किसी के पास कम।

फिर भी कुछ लोग बहुत आगे निकल जाते हैं,
और कुछ लोग वहीं के वहीं रह जाते हैं।

फर्क समय का नहीं है,
फर्क है उसके उपयोग का।

समय की असली कीमत

समय वह चीज है जिसे आप रोक नहीं सकते।
यह लगातार चलता रहता है।

पैसा खोकर वापस कमाया जा सकता है,
लेकिन समय एक बार चला जाए तो वापस नहीं आता।

इसलिए जो लोग समय की value समझते हैं,
वे अपने हर दिन को seriously लेते हैं।

समय की सबसे बड़ी बर्बादी

अधिकतर लोग समय की कमी से नहीं,
बल्कि समय की बर्बादी से परेशान होते हैं।

वे दिनभर busy रहते हैं,
लेकिन productive नहीं होते।

- बिना planning के काम करना

- बार-बार mobile check करना
- जरूरी काम को टालना

ये सभी आदतें धीरे-धीरे समय को खत्म कर देती हैं।

Busy और Productive में फर्क

Busy होना और productive होना अलग चीजें हैं।

Busy व्यक्ति दिनभर काम करता है,
लेकिन जरूरी नहीं कि वह सही काम कर रहा हो।

Productive व्यक्ति कम समय में
सही काम पर focus करता है।

आपको busy नहीं,
productive बनना है।

Planning क्यों जरूरी है?

अगर आप अपने दिन की planning नहीं करते,
तो आप अपने समय को control नहीं कर सकते।

एक simple habit अपनाएं:

- रात को सोने से पहले
  या
- सुबह उठकर

अपने दिन के 3–5 important tasks लिखें।

इससे आपका दिन clear direction में चलता है।

Priority सेट करना सीखें

हर काम जरूरी नहीं होता।

कुछ काम ऐसे होते हैं
जो आपके goal के बहुत करीब ले जाते हैं,
और कुछ सिर्फ time pass होते हैं।

आपको decide करना है कि
कौन सा काम सबसे ज्यादा important है।

पहले वही काम करें।

Procrastination से बचें

काम को टालना एक बहुत common problem है।

लोग सोचते हैं:
"अभी नहीं, बाद में कर लेंगे"

लेकिन यही "बाद में" कभी नहीं आता।

इस आदत को खत्म करने के लिए
एक simple rule अपनाएं:

जो काम जरूरी है,
उसे तुरंत शुरू करें।

Time blocks में काम करें

लंबे समय तक लगातार काम करना मुश्किल होता है।

इसलिए काम को छोटे time blocks में divide करें।

उदाहरण:

- 25–30 मिनट focused काम
- 5 मिनट का break

इससे आपका focus बना रहता है
और productivity बढ़ती है।

Distractions को control करें

आज के समय में distractions हर जगह हैं।

- mobile notifications
- social media
- unnecessary calls

जब भी आप important काम करें,
तो distractions को कम करें।

फोन को silent पर रखें
या दूर रखें।

Routine बनाएं

अगर आपके पास fixed routine है,
तो time management आसान हो जाता है।

जब आप रोज एक ही समय पर काम करते हैं,
तो आपका mind automatically उस काम के लिए तैयार हो जाता है।

Energy management भी जरूरी है

Time के साथ-साथ energy भी important है।

अगर आप थके हुए हैं,
तो आप अच्छा perform नहीं कर पाएंगे।

इसलिए:

- सही नींद लें
- बीच-बीच में break लें
- खुद को overload न करें

Consistency का role

Time management का असली फायदा तब मिलता है
जब आप इसे रोज follow करते हैं।

एक दिन planning करने से कुछ नहीं होगा,
लेकिन रोज planning करने से
आपकी life organized हो जाती है।

याद रखने वाली बात

समय को control नहीं किया जा सकता,
लेकिन खुद को disciplined करके
उसका सही उपयोग किया जा सकता है।

Action Points

1. रोज अपने दिन के 3–5 important tasks लिखें

अनुशासन ही सफलता है।

2. सबसे important काम पहले करें
3. काम करते समय distractions को कम करें

Final Line

जो लोग समय की कद्र करते हैं,
समय भी उन्हें एक दिन काबिल बना देता है।

6

Chapter 6

Consistency की ताकत

बहुत लोग life में कुछ बड़ा करना चाहते हैं।
वे नए goals बनाते हैं, plans तैयार करते हैं और शुरुआत भी करते हैं।

शुरुआत में सब कुछ अच्छा लगता है।
उत्साह होता है, energy होती है, और confidence भी होता है।

लेकिन कुछ दिनों बाद वही लोग धीमे पड़ जाते हैं,
और धीरे-धीरे रुक जाते हैं।

यहीं पर consistency की असली importance सामने आती है।

Consistency क्या है?

Consistency का मतलब है
किसी काम को लगातार करते रहना,
चाहे आपका मन करे या न करे।

यह बड़े efforts के बारे में नहीं है,
बल्कि छोटे-छोटे efforts को रोज करने के बारे में है।

शुरुआत आसान, जारी रखना मुश्किल

किसी भी काम की शुरुआत करना आसान होता है।
लेकिन उसे लंबे समय तक जारी रखना मुश्किल होता है।

अधिकतर लोग शुरुआत में ही ज्यादा करने की कोशिश करते हैं,
और यही उनकी सबसे बड़ी गलती होती है।

वे जल्दी result चाहते हैं,
और जब result नहीं मिलता,
तो वे निराश हो जाते हैं।

Small steps का असली power

Consistency का secret है
छोटे-छोटे steps लेना।

अगर आप रोज थोड़ा-थोड़ा improve करते हैं,
तो समय के साथ बड़ा change दिखने लगता है।

एक दिन का effort छोटा लगता है,
लेकिन वही effort महीनों तक करने पर
बड़ा result देता है।

Habit का role

Consistency तब आसान हो जाती है
जब वह habit बन जाती है।

जब आप किसी काम को रोज करते हैं,
तो धीरे-धीरे वह आपकी routine का हिस्सा बन जाता है।

और जब कोई काम habit बन जाता है,
तो उसे करने के लिए extra effort नहीं लगता।

Discipline और consistency

Consistency बिना discipline के possible नहीं है।

Motivation आपको शुरू कराता है,
लेकिन discipline आपको रोज काम करने की आदत देता है।

और यही आदत consistency बन जाती है।

Break को कैसे handle करें

कभी-कभी ऐसा होगा कि आप एक-दो दिन miss कर देंगे।
यह पूरी तरह normal है।

लेकिन असली फर्क इस बात से पड़ता है कि
आप कितनी जल्दी वापस शुरू करते हैं।

एक दिन का break आपकी progress को नहीं रोकता,
लेकिन लगातार break लेना आपकी habit को तोड़ देता है।

Progress track करना जरूरी है

जब आप अपनी progress को track करते हैं,
तो आपको यह दिखता है कि आप आगे बढ़ रहे हैं।

- आपने कितने दिन लगातार काम किया
- आपने कितना improvement किया

यह आपको motivated रखता है।

Perfection के चक्कर में न पड़ें

बहुत लोग consistency इसलिए maintain नहीं कर पाते क्योंकि वे perfection चाहते हैं।

वे सोचते हैं कि
जब सब कुछ perfect होगा, तब काम करेंगे।

लेकिन perfection के चक्कर में
वे start ही नहीं कर पाते।

Consistency perfection से ज्यादा important है।

Slow progress भी progress है

कई बार आपको लगेगा कि
आपकी progress बहुत slow है।

लेकिन याद रखें,
slow progress भी progress ही होती है।

रुक जाने से बेहतर है
धीरे-धीरे आगे बढ़ना।

Long-term सोच रखें

Consistency का असली फायदा long-term में दिखता है।

अगर आप short-term result पर focus करेंगे,
तो आप जल्दी निराश हो सकते हैं।

लेकिन अगर आप long-term सोचते हैं,
तो आप patience रख पाएंगे।

याद रखने वाली बात

अनुशासन ही सफलता है।

Consistency boring लग सकती है,
लेकिन यही boring process extraordinary results देता है।

Action Points

1. एक छोटा daily task तय करें और उसे रोज करें
2. कम से कम 15 दिन तक बिना break के follow करें
3. अपनी progress को लिखें और track करें

Final Line

आपको सफल बनने के लिए
कुछ बड़ा करने की जरूरत नहीं है,
बस छोटे कामों को लगातार करते रहना है।

7

Chapter 7

Negative लोगों से दूरी

आपकी life सिर्फ आपके decisions से नहीं बनती,
बल्कि उस environment से भी बनती है
जिसमें आप रहते हैं।

आप किन लोगों के साथ समय बिताते हैं,
उनकी सोच कैसी है,
उनकी आदतें कैसी हैं —
यह सब धीरे-धीरे आप पर असर डालता है।

Environment का असर

इंसान अपने environment का reflection बन जाता है।

अगर आप ऐसे लोगों के बीच रहते हैं
जो हमेशा negative सोचते हैं,
तो धीरे-धीरे आपकी सोच भी वैसी ही हो जाती है।

अगर आप ऐसे लोगों के साथ रहते हैं
जो कुछ achieve करना चाहते हैं,
तो आप भी खुद को improve करने लगते हैं।

Negative लोग कौन होते हैं?

Negative लोग वे होते हैं
जो हर situation में problem ढूंढते हैं।

वे दूसरों को discourage करते हैं,
और खुद भी आगे नहीं बढ़ते।

उनकी कुछ common बातें होती हैं:

- यह तुमसे नहीं होगा
- इतना आसान नहीं है
- लोग क्या कहेंगे
- छोड़ दो, फायदा नहीं है

धीरे-धीरे ये बातें आपके mind पर असर डालने लगती हैं।

इनका असर कैसे पड़ता है?

जब आप बार-बार negative बातें सुनते हैं,
तो आपका confidence कम होने लगता है।

आप खुद पर doubt करने लगते हैं,
और action लेने से डरने लगते हैं।

धीरे-धीरे आप भी वही सोच अपनाने लगते हैं,
और आपकी growth रुक जाती है।

Reality Check

हर कोई आपको समझे, यह जरूरी नहीं है।
हर कोई आपको support करे, यह भी जरूरी नहीं है।

लेकिन यह जरूरी है कि
आप खुद को कमजोर न होने दें।

दूरी बनाना क्या होता है?

दूरी बनाना मतलब यह नहीं है कि
आप लोगों से रिश्ता तोड़ दें।

इसका मतलब है कि
आप अपनी mental space को protect करें।

- उनकी हर बात को serious न लें
- unnecessary arguments से बचें

- अपने goal पर focus रखें

Positive environment कैसे बनाएं?

आप consciously choose कर सकते हैं
कि आप किस तरह के लोगों के साथ समय बिताते हैं।

- ऐसे लोग जो motivated हैं
- जो कुछ करना चाहते हैं
- जो आपको encourage करते हैं

अगर आपके आसपास ऐसे लोग नहीं हैं,
तो आप books और learning content को अपना environment बना सकते हैं।

Self-belief सबसे जरूरी है

दुनिया कुछ भी कहे,
अगर आपको खुद पर विश्वास है,
तो आप आगे बढ़ सकते हैं।

Negative लोग आपको रोकने की कोशिश कर सकते हैं,
लेकिन final decision हमेशा आपका होता है।

Comparison से बचें

Negative environment का एक हिस्सा है comparison।

लोग आपको दूसरों से compare करेंगे,
या आप खुद को compare करने लगेंगे।

लेकिन हर इंसान का journey अलग होता है।

अगर आप comparison करेंगे,
तो आप हमेशा dissatisfied रहेंगे।

Focus बनाए रखें

जब आपका goal clear होता है,
तो बाहरी बातें आपको कम disturb करती हैं।

इसलिए हमेशा अपने goal को याद रखें।

अनुशासन ही सफलता है।

याद रखने वाली बात

आपकी growth इस बात पर depend करती है
कि आप किसकी बातें सुनते हैं
और किसकी ignore करते हैं।

Action Points

1. ऐसे लोगों की पहचान करें जो आपको demotivate करते हैं
2. उनकी बातों को दिल पर लेना बंद करें
3. रोज कुछ positive पढ़ें या सुनें

Final Line

हर आवाज आपके लिए जरूरी नहीं है।
लेकिन आपकी अपनी आवाज सबसे ज्यादा जरूरी है।

8

Chapter 8

Action लेना जरूरी है

आपने इस book में बहुत कुछ पढ़ा।

Mindset, discipline, goal setting, time management और consistency —
ये सभी concepts आपकी life को बदल सकते हैं।

लेकिन एक सच्चाई है जिसे समझना बहुत जरूरी है।

अगर आप action नहीं लेते,
तो यह सारी knowledge बेकार है।

Knowledge और Action का फर्क

बहुत लोग knowledge collect करते रहते हैं।

वे books पढ़ते हैं,
videos देखते हैं,
plans बनाते हैं।

उन्हें पता होता है कि उन्हें क्या करना है।

लेकिन problem यह है कि
वे action नहीं लेते।

दूसरी तरफ, कुछ लोग बहुत ज्यादा knowledge नहीं रखते,
लेकिन जो जानते हैं, उस पर action लेते हैं।

और वही लोग आगे बढ़ जाते हैं।

Overthinking सबसे बड़ी रुकावट

कई बार लोग action इसलिए नहीं लेते
क्योंकि वे ज्यादा सोचते हैं।

वे हर चीज को perfect बनाना चाहते हैं।

- सही time का इंतजार
- perfect plan का इंतजार
- perfect condition का इंतजार

लेकिन सच यह है कि
perfect time कभी नहीं आता।

शुरुआत क्यों जरूरी है?

सबसे मुश्किल step होता है — शुरुआत करना।

जब आप शुरुआत करते हैं,
तो आपके अंदर resistance आता है।

आपको doubt होता है,
डर लगता है।

लेकिन जैसे ही आप पहला step लेते हैं,
वह resistance कम होने लगता है।

Small action की ताकत

आपको एक साथ सब कुछ करने की जरूरत नहीं है।

आपको बस एक छोटा step लेना है।

- एक page पढ़ना
- 20 मिनट काम करना
- एक task पूरा करना

ये छोटे actions मिलकर
बड़ा result बनाते हैं।

Consistency के साथ action

एक बार action लेना काफी नहीं है।

आपको रोज action लेना होगा।

रोज थोड़ा-थोड़ा काम करना ही आपको दूसरों से अलग बनाता है।

Fear के बावजूद action लें

डर हमेशा रहेगा।

कोई भी इंसान पूरी तरह fearless नहीं होता।

लेकिन फर्क इस बात से पड़ता है कि आप डर के बावजूद action लेते हैं या नहीं।

अगर आप डर के कारण रुक जाते हैं, तो आप अपनी growth रोक देते हैं।

Excuses से बाहर निकलें

Action न लेने का सबसे बड़ा कारण है — excuses।

- मेरे पास time नहीं है
- अभी सही समय नहीं है
- मैं बाद में करूँगा

ये excuses आपको temporary comfort देते हैं, लेकिन long-term में नुकसान करते हैं।

Responsibility लें

आपकी life की जिम्मेदारी आपकी है।

कोई और आकर आपकी life नहीं बदलेगा।

अगर आप change चाहते हैं, तो आपको खुद action लेना होगा।

Daily action का importance

हर दिन एक छोटा step लेना जरूरी है।

यह जरूरी नहीं है कि आप रोज बड़ा काम करें, लेकिन यह जरूरी है कि आप कुछ न कुछ जरूर करें।

यही daily action आपको धीरे-धीरे आगे बढ़ाता है।

Momentum बनाना जरूरी है

जब आप लगातार action लेते हैं,
तो momentum बनता है।

और जब momentum बन जाता है,
तो आगे बढ़ना आसान हो जाता है।

याद रखने वाली बात

सपने देखना आसान है,
लेकिन उन्हें पूरा करने के लिए action लेना जरूरी है।

Action Points

1. अभी एक छोटा task decide करें और उसे पूरा करें
2. overthinking को रोककर तुरंत action लें
3. रोज कम से कम एक step अपने goal की तरफ बढ़ाएँ

Final Message

आपने इस book में जो भी सीखा है,
वह तब तक बेकार है
जब तक आप उसे अपनी life में apply नहीं करते।

आपके पास knowledge है,
अब आपको उसे action में बदलना है।

9

Chapter 9

Habits की ताकत

हर इंसान अपनी life में बदलाव चाहता है
वह चाहता है कि उसकी life बेहतर हो
उसकी income बढ़े
उसका health अच्छा रहे
और वह अपने goals achieve करे

लेकिन एक सच्चाई है जिसे बहुत कम लोग समझते हैं
आपकी life आपके बड़े decisions से नहीं बल्कि आपकी daily habits से बनती है

Habits क्या होती हैं

Habits वे छोटे छोटे काम होते हैं जो आप रोज बिना सोचे करते हैं

जैसे सुबह उठते ही मोबाइल check करना
बिना सोचे चाय पीना
काम टालना
या रोज पढ़ाई करना

आपको लगता है कि ये छोटी चीजें हैं
लेकिन यही छोटी habits समय के साथ आपकी पूरी life बना देती हैं

Small habits big results

एक दिन की habit का कोई बड़ा असर नहीं दिखता

लेकिन जब वही habit महीनों और सालों तक चलती है तो उसका असर बहुत बड़ा हो जाता है

अगर आप रोज एक घंटा सीखते हैं
तो एक साल में आप बहुत आगे निकल सकते हैं

लेकिन अगर आप रोज time waste करते हैं
तो एक साल बाद भी वहीं रहेंगे

यही habits की असली ताकत है

Good habits और bad habits

हर इंसान के पास दोनों तरह की habits होती हैं

Good habits आपको आगे बढ़ाती हैं और आपकी growth में मदद करती हैं
जैसे रोज पढ़ना, exercise करना, time पर काम करना

Bad habits आपकी progress रोकती हैं और आपका समय और energy खराब करती हैं
जैसे काम टालना, ज्यादा मोबाइल चलाना, excuses बनाना

फर्क सिर्फ इतना है कि आप किस habit को रोज repeat कर रहे हैं

Habits कैसे बनती हैं
हर habit एक simple process follow करती है
संकेत, काम, इनाम

जब आप bored होते हैं तो आप मोबाइल उठाते हैं
और आपको थोड़ा अच्छा महसूस होता है

अगर आप इस process को समझ लेते हैं
तो आप अपनी habits को control कर सकते हैं

Habits बदलना कैसे शुरू करें
बहुत लोग एक साथ सब कुछ बदलना चाहते हैं और यहीं गलती करते हैं
सही तरीका है छोटा शुरू करना

पहला step एक habit चुनें और उसी पर focus करें
दूसरा step उसे आसान बनाएं जैसे दो घंटे की जगह बीस मिनट
तीसरा step एक fixed time रखें और रोज उसी समय पर करें
चौथा step consistency रखें चाहे मन करे या न करे

Environment का असर

आपका environment आपकी habits को बहुत प्रभावित करता है

अगर आपके आसपास distractions हैं तो focus करना मुश्किल होगा

अगर आपका environment productive है तो habits बनाना आसान होगा

इसलिए mobile दूर रखें और अपनी working place साफ रखें

Identity based habits

सबसे powerful तरीका है अपनी पहचान बदलना

मुझे पढ़ाई करनी है की जगह

मैं एक disciplined person हूँ

मुझे exercise करनी है की जगह

मैं healthy person हूँ

जब आप अपनी identity बदलते हैं

तो habits अपने आप बदलने लगती हैं

Break को कैसे handle करें

कभी कभी habit miss हो जाएगी यह normal है

लेकिन एक दिन miss होना ठीक है लेकिन बार बार miss करना गलत है

इसलिए कोशिश करें कि आप जल्दी वापस track पर आ जाएं

Tracking क्यों जरूरी है

जब आप अपनी habits को track करते हैं तो आपको अपनी progress दिखती है

आप calendar या simple tracker का use कर सकते हैं

यह आपको **motivated** रखता है और **consistency** बनाए रखता है

याद रखने वाली बात

आप अपने goals से नहीं बल्कि अपनी habits से सफल बनते हैं

Goals direction देते हैं लेकिन habits आपको वहाँ तक ले जाती हैं

अनुशासन ही सफलता है।

Action points

एक अच्छी habit चुनें जिसे आप आज से शुरू करेंगे

उसे छोटा और आसान रखें

हर दिन एक fixed time पर करें

अपनी progress को track करें

Final line

आपकी जिंदगी बदलने के लिए किसी बड़े बदलाव की जरूरत नहीं है

बस छोटी habits को रोज दोहराने की जरूरत है

छोटी habits ही बड़ी सफलता बनाती हैं

10

Chapter 10

Self Confidence कैसे बढ़ाएं

हर इंसान अपनी life में आगे बढ़ना चाहता है
वह चाहता है कि लोग उसे respect दें
वह अपने decisions खुद ले सके
और बिना डर के अपने goals की तरफ बढ़ सके

लेकिन एक चीज है जो बहुत लोगों को रोकती है
वह है **low confidence**

कई बार इंसान के पास talent होता है
knowledge भी होती है
लेकिन confidence नहीं होता
और यही वजह है कि वह पीछे रह जाता है

Self confidence क्या होता है

Self confidence का मतलब है खुद पर विश्वास होना
यह विश्वास कि आप सीख सकते हैं
आप improve कर सकते हैं
और आप अपने goals achieve कर सकते हैं

यह जरूरी नहीं है कि आपको सब कुछ आता हो
जरूरी यह है कि आपको यह भरोसा हो कि
आप सीख लेंगे

Confidence क्यों कम होता है

confidence कम होने के कई कारण होते हैं

सबसे पहला कारण है negative thinking
जब आप बार बार खुद से कहते हैं कि मैं नहीं कर सकता
तो आपका mind उसी पर believe करने लगता है

दूसरा कारण है past failures
अगर आप पहले fail हो चुके हैं
तो आपको लगता है कि आप फिर से fail होंगे

तीसरा कारण है comparison
जब आप खुद को दूसरों से compare करते हैं
तो आप खुद को कम समझने लगते हैं

Confidence कैसे बढ़ता है

बहुत लोग सोचते हैं कि confidence पहले आएगा
फिर वे action लेंगे
लेकिन सच्चाई इसका उल्टा है

confidence action से बनता है

जब आप छोटे छोटे steps लेते हैं
तो आपका confidence धीरे धीरे बढ़ता है

अगर आप wait करते रहेंगे
तो confidence कभी नहीं आएगा

Small wins का importance

confidence बढ़ाने का सबसे आसान तरीका है
छोटी छोटी जीत हासिल करना

जब आप एक छोटा task पूरा करते हैं
तो आपका mind आपको signal देता है कि
आप capable हैं

धीरे धीरे ये small wins
बड़े confidence में बदल जाते हैं

Self talk पर ध्यान दें

आप खुद से क्या बात करते हैं

यह बहुत important है

अगर आप खुद से कहते हैं

मैं नहीं कर सकता

तो आप कोशिश भी नहीं करेंगे

लेकिन अगर आप खुद से कहते हैं

मैं सीख सकता हूँ

तो आपका mind solution ढूंढने लगता है

इसलिए अपनी self talk को **positive** और **practical** बनाएं

Body language का असर

आपका confidence सिर्फ सोच से नहीं

बल्कि आपकी body language से भी दिखता है

सीधे खड़े रहना

आंखों में देखकर बात करना

clear आवाज में बोलना

ये सभी चीजें आपके confidence को बढ़ाती हैं

Preparation जरूरी है

confidence तब बढ़ता है

जब आप prepared होते हैं

अगर आप किसी काम की तैयारी करते हैं

तो आपको कम डर लगता है

और आप बेहतर perform करते हैं

इसलिए हमेशा तैयारी पर focus करें

Fear को कैसे handle करें

डर होना normal है

हर इंसान को डर लगता है

लेकिन फर्क इस बात से पड़ता है कि

आप डर के बावजूद action लेते हैं या नहीं

अगर आप डर के कारण रुक जाते हैं

तो confidence और कम हो जाता है

अनुशासन ही सफलता है।

लेकिन अगर आप डर के बावजूद action लेते हैं
तो confidence बढ़ता है

Comparison बंद करें
हर इंसान का journey अलग होता है

जब आप खुद को दूसरों से compare करते हैं
तो आप खुद को कमजोर महसूस करते हैं

इसलिए focus करें
कि आप कल से आज बेहतर बनें

Consistency का role
confidence एक दिन में नहीं बनता
यह धीरे धीरे develop होता है

जब आप रोज थोड़ा थोड़ा improve करते हैं
तो आपका confidence automatically बढ़ता है

याद रखने वाली बात
confidence सोचने से नहीं आता
confidence करने से आता है

Action points
हर दिन एक छोटा challenge लें
अपनी self talk को positive बनाएं
किसी एक skill पर रोज काम करें
comparison बंद करें और खुद पर focus करें

Final line
आपको confident बनने के लिए
perfect होने की जरूरत नहीं है
बस action लेने की जरूरत है

जितना आप करेंगे
उतना आपका confidence बढ़ेगा

11

Chapter 11

Focus और Deep Work की ताकत

आज के समय में सबसे बड़ी समस्या knowledge की कमी नहीं है
बल्कि focus की कमी है

हर इंसान कुछ करना चाहता है
वह goals set करता है
plans बनाता है
लेकिन जब काम करने बैठता है
तो उसका ध्यान बार बार भटक जाता है

और यही distraction उसकी progress को रोक देता है

Focus क्या है
Focus का मतलब है
एक समय पर एक ही काम पर पूरा ध्यान देना

जब आप पूरी attention के साथ काम करते हैं
तो आपकी productivity बढ़ती है
और आप कम समय में ज्यादा अच्छा काम कर पाते हैं

Focus क्यों टूटता है
focus टूटने के कई कारण हैं

सबसे बड़ा कारण है mobile और social media
बार बार notifications
messages
videos

ये सब आपका ध्यान तोड़ते रहते हैं

दूसरा कारण है multitasking
जब आप एक साथ कई काम करने की कोशिश करते हैं
तो आपका mind confused हो जाता है
और कोई भी काम अच्छे से नहीं हो पाता

तीसरा कारण है clear goal का न होना
जब आपको पता ही नहीं होता कि क्या करना है
तो आपका mind इधर उधर भटकता रहता है

Deep work क्या है

Deep work का मतलब है
बिना किसी distraction के
पूरी concentration के साथ काम करना

जब आप deep work करते हैं
तो आपका mind पूरी तरह उस काम में लग जाता है
और आप high quality result produce करते हैं

Deep work क्यों जरूरी है
आज के समय में जो लोग deep work कर पाते हैं
वे बहुत तेजी से आगे बढ़ते हैं

क्योंकि
वे कम समय में ज्यादा सीखते हैं
और बेहतर output देते हैं

Focus कैसे बढ़ाएं

पहला step है
distractions को हटाना

काम करते समय mobile को silent पर रखें
या अपने पास से दूर रखें

दूसरा step है
single tasking

एक समय पर एक ही काम करें
जब तक वह पूरा न हो जाए

दूसरे काम पर न जाएं
तीसरा step है
time block बनाना
एक निश्चित समय तय करें
जैसे तीस मिनट या एक घंटा
और उस दौरान सिर्फ एक ही काम करें
चौथा step है
clear goal रखना
काम शुरू करने से पहले यह तय करें
कि आपको क्या पूरा करना है
इससे आपका mind focused रहता है

Environment का role

आपका environment आपके focus को बहुत प्रभावित करता है
अगर आपके आसपास noise और distractions हैं
तो focus करना मुश्किल होगा
इसलिए एक शांत और clean जगह पर काम करें

Break का importance

लगातार काम करने से आपका mind थक जाता है
इसलिए बीच बीच में छोटे break लें
ताकि आपका focus बना रहे

Practice से focus बढ़ता है

focus एक skill है
जो practice से improve होती है
शुरुआत में आपको मुश्किल लगेगा
लेकिन धीरे धीरे आपका mind train हो जाएगा

Consistency जरूरी है

अगर आप रोज focused work करते हैं
तो आपकी productivity और performance दोनों बढ़ती हैं

याद रखने वाली बात

जहाँ आपका ध्यान जाता है

वहीं आपकी energy जाती है
और वहीं आपका result बनता है

Action points

रोज कम से कम तीस मिनट बिना distraction के काम करें
mobile को काम के दौरान दूर रखें
एक समय पर एक ही task करें
अपने काम के लिए clear goal तय करें

Final line

अगर आप life में आगे बढ़ना चाहते हैं
तो आपको focus करना सीखना होगा

जो लोग focus करते हैं
वही लोग तेजी से सफल होते हैं

12

Chapter 12

Daily Routine और Success System

हर इंसान success चाहता है
लेकिन बहुत कम लोग यह समझते हैं कि
success किसी एक बड़े काम से नहीं आती

success रोज किए गए छोटे कामों से बनती है

यही छोटे काम मिलकर आपका daily routine बनाते हैं
और यही routine आपकी life का result तय करता है

Daily routine क्यों जरूरी है
अगर आपकी life में routine नहीं है
तो आपका दिन बिना direction के गुजरता है

आप busy रहते हैं
लेकिन productive नहीं होते

लेकिन जब आपके पास एक clear routine होता है
तो आपको पता होता है
कि कब क्या करना है

और यही clarity आपकी productivity बढ़ाती है

Successful लोगों की आदत
जिन लोगों ने life में कुछ बड़ा achieve किया है
उनके पास एक strong daily system होता है

वे अपने दिन को plan करते हैं
और उसी के according काम करते हैं
वे mood के हिसाब से नहीं
बल्कि system के हिसाब से काम करते हैं

Morning routine का importance

आपका दिन कैसे शुरू होता है
वही तय करता है कि आपका दिन कैसा जाएगा
अगर आप सुबह उठते ही mobile use करते हैं
तो आपका focus कमजोर हो जाता है
लेकिन अगर आप सुबह productive काम करते हैं
तो पूरा दिन अच्छा जाता है
आप अपनी morning routine में यह add कर सकते हैं
हल्का exercise
थोड़ा पढ़ना
दिन की planning करना

Planning जरूरी है

अगर आप अपने दिन की planning नहीं करते
तो आप अपने समय को control नहीं कर सकते
हर दिन की शुरुआत से पहले
अपने तीन से पांच important काम लिखें
इससे आपका दिन clear direction में चलता है

Priority समझें

हर काम जरूरी नहीं होता
कुछ काम ऐसे होते हैं
जो आपको आपके goal के करीब ले जाते हैं
और कुछ सिर्फ time pass होते हैं
आपको decide करना है
कि सबसे important काम कौन सा है
और उसे पहले करना है

Time blocks में काम करें
पूरे दिन काम करने की बजाय
अपने काम को छोटे हिस्सों में divide करें
जैसे तीस मिनट काम
फिर पांच मिनट का break
इससे आपका focus बना रहता है
Evening **review** जरूरी है
दिन खत्म होने से पहले
थोड़ा समय निकालकर यह देखें
आपने क्या किया
क्या नहीं किया
और कहाँ improvement की जरूरत है
यह habit आपको हर दिन बेहतर बनाती है
Consistency सबसे जरूरी है
routine बनाना आसान है
लेकिन उसे follow करना मुश्किल है
अगर आप रोज अपने routine को follow करते हैं
तो धीरे धीरे यह आपकी habit बन जाती है
और फिर आपको extra effort नहीं करना पड़ता
Flexible रहें लेकिन break न करें
कभी कभी routine follow नहीं हो पाएगा
यह normal है
लेकिन पूरी तरह छोड़ना गलत है
थोड़ा change करें
लेकिन track पर बने रहें
System बनाएं, सिर्फ goal नहीं
बहुत लोग सिर्फ goals पर focus करते हैं
लेकिन successful लोग system पर focus करते हैं
goal आपको direction देता है
लेकिन system आपको रोज काम करने में मदद करता है

अनुशासन ही सफलता है।

याद रखने वाली बात

आपकी success आपके daily routine पर depend करती है

आप जो रोज करते हैं

वही आपकी life बनता है

Action points

रोज सुबह अपने दिन के तीन से पांच important काम लिखें

एक simple morning routine बनाएं

काम को time blocks में करें

दिन के अंत में खुद का review करें

Final line

आपकी life बदलने के लिए

आपको अपने दिन को बदलना होगा

जब आपका daily routine बदलता है

तभी आपकी जिंदगी बदलती है

13

Chapter 13

Patience और Long Term Thinking की ताकत

हर इंसान जल्दी successful होना चाहता है
वह चाहता है कि उसे जल्दी result मिले
जल्दी पैसा मिले
और जल्दी respect मिले

लेकिन सच्चाई यह है कि
real success कभी भी जल्दी नहीं मिलती

जो भी बड़ा achieve होता है
उसमें time लगता है

Patience क्या है
Patience का मतलब है
बिना हार माने लगातार काम करते रहना

जब आपको तुरंत result नहीं मिलता
फिर भी आप अपने goal पर काम करते रहते हैं
यही patience है

लोग patience क्यों खो देते हैं
आज के समय में हर चीज जल्दी मिल जाती है

food जल्दी
information तुरंत
entertainment हर समय

इसी वजह से लोग **success** भी जल्दी चाहते हैं

लेकिन जब उन्हें तुरंत result नहीं मिलता
तो वे निराश हो जाते हैं
और काम छोड़ देते हैं

Short term सोच का नुकसान
जब आप सिर्फ short term result पर focus करते हैं
तो आप जल्दी frustrate हो जाते हैं

आप सोचते हैं
मैंने इतना काम किया
फिर भी result क्यों नहीं मिला

और यहीं पर लोग हार मान लेते हैं

Long term thinking क्यों जरूरी है
जो लोग long term सोचते हैं
वे process पर focus करते हैं

वे जानते हैं कि
आज का effort future में result देगा

वे जल्दी हार नहीं मानते
और यही उन्हें दूसरों से अलग बनाता है

Delayed gratification का मतलब
Delayed gratification का मतलब है
आज के comfort को छोड़कर
future के better result के लिए काम करना

जैसे
आज mobile देखने की जगह पढ़ाई करना
आज आराम करने की जगह काम करना

शुरुआत में यह मुश्किल लगता है
लेकिन long term में यही success देता है

Process पर भरोसा रखें
बहुत लोग result पर इतना focus करते हैं
कि process को ignore कर देते हैं

लेकिन सच्चाई यह है कि
अगर आपका process सही है
तो result अपने आप आएगा
इसलिए रोज के काम पर ध्यान दें
result की चिंता कम करें

Comparison से बचें

जब आप दूसरों को देखकर खुद को judge करते हैं
तो आपको लगता है कि आप पीछे रह गए हैं
लेकिन हर इंसान का journey अलग होता है
कोई जल्दी succeed करता है
कोई धीरे
लेकिन important यह है
कि आप अपनी journey पर focus करें

Consistency और patience का connection

patience और consistency एक साथ चलते हैं

अगर आप patient हैं
तो आप लगातार काम कर पाएंगे
और अगर आप consistent हैं
तो आपको result जरूर मिलेगा

Setbacks को accept करें

life में problems आएंगी
failures भी होंगे
लेकिन इसका मतलब यह नहीं है
कि आप रुक जाएं
हर setback एक lesson है
जो आपको आगे बढ़ने में मदद करता है

Mindset बदलना जरूरी है

आपको यह समझना होगा कि
success एक process है
यह **overnight** नहीं आती

जब आप यह मान लेते हैं
तो आप pressure में नहीं आते
और patience रख पाते हैं

याद रखने वाली बात
धीरे चलना गलत नहीं है
रुक जाना गलत है

अगर आप रोज थोड़ा भी आगे बढ़ रहे हैं
तो आप सही direction में हैं

Action points

एक long term goal लिखें
daily छोटे steps लें
result की जगह process पर focus करें
comparison बंद करें

Final line

अगर आप सच में successful बनना चाहते हैं
तो आपको patience रखना होगा

जो लोग समय के साथ टिके रहते हैं
वही अंत में जीतते हैं

14

Chapter 14

Financial Discipline और Money Management

हर इंसान life में पैसा कमाना चाहता है
वह चाहता है कि उसकी income बढ़े
उसकी financial condition strong हो
और उसे पैसों की चिंता न करनी पड़े

लेकिन एक सच्चाई है जिसे बहुत लोग ignore करते हैं
सिर्फ पैसा कमाना ही काफी नहीं है
उसे सही तरीके से manage करना भी जरूरी है

Financial discipline क्या है
Financial discipline का मतलब है
अपने पैसों को समझदारी से use करना

यह सिर्फ earning के बारे में नहीं है
बल्कि saving और spending दोनों के बारे में है

अगर आप ज्यादा कमाते हैं
लेकिन सही से manage नहीं करते
तो आप आगे नहीं बढ़ पाएंगे

Income और expenses को समझें
सबसे पहले यह समझना जरूरी है
कि आपका पैसा कहाँ से आता है
और कहाँ जाता है

अनुशासन ही सफलता है।

कई लोग पैसे कमाते हैं
लेकिन उन्हें यह पता ही नहीं होता
कि उनका पैसा किस चीज में खर्च हो रहा है
इसलिए अपने expenses को track करना शुरू करें

Saving की habit बनाएं

saving कोई leftover चीज नहीं है
कि जो बच जाए वही save करें
saving को priority बनाएं
जैसे ही income आए
पहले saving करें
फिर खर्च करें
यह छोटी habit
आपकी financial life बदल सकती है

Unnecessary खर्च को control करें

बहुत बार हम ऐसे खर्च करते हैं
जो जरूरी नहीं होते
online shopping
extra खाने पीने पर खर्च
impulse buying
ये छोटी छोटी चीजें
धीरे धीरे बड़ा amount बन जाती हैं
इसलिए हर खर्च से पहले सोचें
क्या यह सच में जरूरी है

Budget बनाना सीखें

अगर आपके पास budget नहीं है
तो आप अपने पैसे को control नहीं कर सकते
हर महीने एक simple budget बनाएं
जिसमें income और expenses clear हों
इससे आपको पता रहेगा
कि आप सही direction में जा रहे हैं या नहीं

Debt से सावधान रहें
loan और credit का सही use जरूरी है
लेकिन ज्यादा debt आपकी growth को रोक सकता है
अगर आप बिना सोचे समझे loan लेते हैं
तो आप financial pressure में आ जाते हैं
इसलिए हमेशा जरूरत के हिसाब से ही debt लें
Investment की समझ रखें
सिर्फ saving करना काफी नहीं है
आपको अपने पैसे को grow भी करना होगा
इसलिए धीरे धीरे investment के बारे में सीखें
छोटे amount से शुरू करें
लेकिन consistency बनाए रखें
Long term सोच रखें
financial growth एक दिन में नहीं होती
यह एक process है
अगर आप आज सही decisions लेते हैं
तो future में आपको उसका फायदा मिलेगा
इसलिए short term comfort की बजाय
long term security पर focus करें
Discipline का role
financial success का सबसे बड़ा secret है
discipline
अगर आप disciplined हैं
तो आप unnecessary खर्च नहीं करेंगे
saving करेंगे
और सही decisions लेंगे
Mindset बदलें
पैसे को सिर्फ खर्च करने की चीज न समझें
बल्कि उसे एक tool समझें

एक ऐसा tool

जो आपकी life को better बना सकता है

याद रखने वाली बात

आप कितना कमाते हैं यह important नहीं है

आप कितना बचाते और बढ़ाते हैं यह ज्यादा important है

Action points

अपने monthly expenses लिखें

हर महीने एक fixed amount save करें

unnecessary खर्च को कम करें

basic investment के बारे में सीखना शुरू करें

Final line

अगर आप financial freedom चाहते हैं

तो आपको financial discipline अपनाना होगा

पैसा कमाना skill है

लेकिन उसे संभालना समझदारी है

15

Chapter 15
30 Day Action Plan

आपने इस book में mindset, discipline, habits, focus, time management और action के बारे में सीखा है
लेकिन अब सबसे जरूरी step है
इन सबको अपनी life में लागू करना

Knowledge तब तक बेकार है
जब तक वह action में न बदले

इसलिए यह 30 day plan बनाया गया है
ताकि आप step by step अपनी life में बदलाव ला सकें

Day 1
अपने goals लिखें और clear करें कि आप क्या achieve करना चाहते हैं

Day 2
अपनी current habits लिखें और पहचानें कि कौन सी habits आपको पीछे खींच रही हैं

Day 3
एक नई अच्छी habit चुनें जिसे आप अगले 30 दिन तक follow करेंगे

Day 4
एक simple morning routine बनाएं

Day 5
अपने दिन के तीन सबसे important tasks लिखने की आदत शुरू करें

Day 6

एक fixed time तय करें जिस समय आप रोज काम करेंगे

Day 7

mobile और distractions को control करने की शुरुआत करें

Day 8

आज बिना distraction के कम से कम तीस मिनट focused work करें

Day 9

अपने काम के लिए एक clean और distraction free environment बनाएं

Day 10

अब तक की progress को review करें और जो गलती हुई उसे सुधारें

Day 11

एक नई small habit add करें जो आपकी growth में मदद करे

Day 12

आज खुद से positive self talk करने पर ध्यान दें

Day 13

एक ऐसा काम करें जिससे आपको डर लगता है

Day 14

comparison बंद करें और खुद पर focus करें

Day 15

अपने goals को फिर से पढ़ें और खुद को remind करें कि आप क्यों शुरू हुए थे

Day 16

आज पूरा दिन discipline के साथ अपने routine को follow करें

Day 17

time management improve करने के लिए अपने काम को plan करें

Day 18

आज unnecessary activities को avoid करें

Day 19

कम से कम एक घंटा सीखने में लगाएं

Day 20
अपनी habits और routine को track करें

Day 21
अब तक की journey को देखें और अपनी progress को appreciate करें

Day 22
अपने comfort zone से बाहर निकलकर कुछ नया try करें

Day 23
आज अपने काम पर deep focus के साथ काम करें

Day 24
अपने excuses लिखें और उन्हें खत्म करने का निर्णय लें

Day 25
अपने environment को और बेहतर बनाएं

Day 26
आज patience के साथ काम करें और result की चिंता न करें

Day 27
अपने daily routine को और strong बनाएं

Day 28
अपने goal की तरफ एक बड़ा step लें

Day 29
अपने पूरे 30 दिन के experience को लिखें

Day 30
अपने आप से commitment करें कि आप इस routine को आगे भी जारी रखेंगे

याद रखने वाली बात

यह 30 दिन आपकी life बदलने की शुरुआत है
असली बदलाव तब होगा जब आप इसे continue रखेंगे

यह plan आपको perfect बनाने के लिए नहीं है
यह आपको consistent बनाने के लिए है

Action ही सबसे बड़ा difference बनाता है

अनुशासन ही सफलता है।

Final line

आपकी life बदलने के लिए
आपको सिर्फ एक decision और लगातार action की जरूरत है
आज से शुरू करें
और खुद को साबित करें कि आप कर सकते हैं..

अंत सामग्री

आप इस पुस्तक के अंत तक पहुँच चुके हैं,
लेकिन असली यात्रा अब शुरू होती है।

आपने यहाँ mindset, discipline, goal setting, time management और consistency के बारे में पढ़ा।
आपने समझा कि सफलता कोई एक दिन में मिलने वाली चीज़ नहीं है,
बल्कि यह रोज़ के छोटे-छोटे प्रयासों का परिणाम है।

लेकिन एक सच्चाई आपको हमेशा याद रखनी होगी —
ज्ञान तब तक बेकार है, जब तक वह कार्य में न बदले।

बहुत लोग पढ़ते हैं, समझते हैं,
लेकिन अपने जीवन में कोई बदलाव नहीं लाते।
और कुछ लोग वही बातें अपनाते हैं,
और अपनी पूरी जिंदगी बदल देते हैं।

अब यह निर्णय आपका है कि आप कौन बनना चाहते हैं।

क्या आप सिर्फ पढ़कर छोड़ देंगे?
या फिर आज से ही एक छोटा कदम उठाकर
अपनी नई शुरुआत करेंगे?

याद रखें —
आपको एक साथ सब कुछ बदलने की जरूरत नहीं है।
बस हर दिन एक छोटा सुधार करें।

धीरे-धीरे यही छोटे कदम
आपको उस सफलता तक ले जाएंगे
जिसका आपने हमेशा सपना देखा है।

कोई perfect समय नहीं होता,
कोई perfect परिस्थिति नहीं होती।

जो भी करना है,
अभी से शुरू करना है।

अंतिम संदेश

आपकी जिंदगी बदलने की ताकत
किसी और के पास नहीं,
सिर्फ आपके पास है।

एक सही सोच,
एक मजबूत निर्णय,
और लगातार प्रयास —
यही आपकी सफलता की असली कुंजी है।

Readers' Feedback

प्रिय पाठकों,

हम आपके सहयोग और विश्वास के लिए हृदय से आभारी हैं। यह पुस्तक आपके मार्गदर्शन और प्रेरणा के लिए लिखी गई है, और हम आपकी राय को बेहद महत्वपूर्ण मानते हैं।

यदि आपको इस पुस्तक से कोई लाभ मिला हो, या आपके पास कोई सुझाव, सुधार या विचार हों, तो कृपया हमें अवश्य लिखें।

आपकी प्रतिक्रिया हमें और बेहतर बनने में मदद करेगी और आने वाले संस्करणों को और अधिक उपयोगी बनाएगी।

आप अपने सुझाव और समीक्षा हमें इस ईमेल पर भेज सकते हैं:
rksuccesssolutions@gmail.com

आपका सहयोग हमारे लिए अत्यंत मूल्यवान है।

धन्यवाद

Rakesh Kumar
RK Success Solutions

www.ingramcontent.com/pod-product-compliance
Lightning Source LLC
LaVergne TN
LVHW022022200926
848481LV00007B/2483
9798903923878